✳ 일상의 추억을 수놓을 시간 ✳

이젠, 스토리 퀼트

다카하라 유카리 **지음** | 윤혜경 **(윤퀼트 대표) 감수**

BM 황금부엉이

거리를 걷다 보면,
'여기 정말 좋다!'라고 느끼는 장소가 있습니다.
아무리 우울한 기분이라도
페이지를 넘기면 저절로 미소가 지어지는 그림책이 있습니다.
세계 곳곳에서 온 포근한 털실과
알록달록하고 감촉 좋은 천들이 가득한 가게에 들어서면
그저 기쁘고 즐거워서
'우와!' 하고 달려들고 싶습니다.

이런 기분을 조금씩 퀼트에 담아보았습니다.
'천'이라는 물감은
따뜻한 온도가 있는 것 같습니다.
그래서 저는 언제나 따뜻한 마음으로
퀼트를 접해 왔는지도 모릅니다.

이 책을 보고
그리움과 다정함을 떠올리는 분,
자신만의 스토리를 만들기 위해
실과 바늘을 가지게 되는 분이
한 분이라도 늘어나길 바라봅니다.

다카하라 유카리(高原ゆかり)

Romantic
Spring 봄

햇살 안에서

춥고 힘든 겨울이 지나고 꽃과 나무들이
눈 뜨기 시작하는 새봄
어제까지도 아무것도 없었던 땅 위에
하나둘씩 작은 새싹이 얼굴을 내밀어요.
잎과 줄기의 섬세한 라인
꽃들의 산뜻한 빛깔
자연의 힘만이 낳을 수 있는
세상에 둘도 없는 선물에
누구나 마음이 부풀어 오르는 계절이에요.

따뜻한 시간들

봄바람에 코끝을 간질거리며
날아가는 민들래 홀씨들이
춤추는 시간
귀여운 강아지도 홀씨 따라
꼬리를 살랑살랑 흔드네요.

봄산책

봄의 향기에 걷는 발걸음마저도 사뿐사뿐
봄의 웃음을 닮은 아이의 모습에
마음까지 행복한 즐거운 산책길이네요.

튤립 속으로

미소 지으며 손짓하는 튤립을 보니
집으로 돌아가는 발걸음도 흥겨워요.
상쾌한 바람이 가져다주는 봄의 향기에
저절로 발길이 멈춰지네요.
우리 집은 아직 멀었는데…

설레는 새학기

새로운 발견 새로운 만남
설렘과 두근거림이 뒤섞인 봄기운이
만연한 오솔길에
다정한 친구와 장난치며 가는 등교길은
마음을 봄처럼 두근거리게 만드네요.

새학기는 어떨까?
궁금한 등교길이네요.

이동도서관이 오는 날

한 달에 한 번 이동도서관이 오는 날
그림책을 가득 실은 버스가 큰 나무 아래 멈춰 있어요.
반가움에 뛰어가는 아이, 책이 너무 많아 좀처럼 고르지 못하는 아이
언니가 책을 읽어주고 있는 아이…
숲속의 동물들도 나뭇잎들도
이런 분위기에 이끌려 가만히 있을 수 없나 봐요.
모두의 즐거움으로 봄이 산을 물들여 가네요.

망아지를 보러...

얼마 전에 태어난 망아지는

다정한 눈빛으로 지켜주는 엄마와 언제나 함께 있어요.

우리 동네에서는 좀처럼 보기 힘든 풍경이

여기에는 있어요.

언제까지나 언제까지나 보고 있어도 질리지 않는 건

생명의 숨결이 분명히 들려오기 때문

가든 웨딩

사과와 살구꽃이 피는 정원에
많은 사람들이 모이는 가든 웨딩
향기로운 꽃향기가 나는 나무의 꽃들이
머지않아 풍성한 열매를 맺듯이
두 사람의 밝은 미래를 기원하고, 새로운 출발을 축하해요.
열심히 딴 꽃을 신부에게 바치는 소녀
즐거움에 춤을 추는 남녀
나무 뒤에 숨어서 몰래 눈물을 훔치는 사람…
여러 가지 이야기들이
이 맑은 날에 만들어지고 있어요.

fresh
Summer 여름

비 내리는 날에는

봄비로 샤워를 하고 기뻐하는 꽃들을
창문에서 바라볼 수 있는 날
방 안에서 인형놀이를 할 수 있는 날
무료하게 비 내리는 날에도
재미있는 일들이 가득

비 오는 날의 놀이동산

비가 와서 조용한 날은
우산을 쓰고 놀이동산에 나갑니다.
비오는 날의 놀이동산은
항상 시끌벅적한 놀이동산을
한가롭게 걸을 수 있는
몇 안 되는 날이니까요.

내가 좋아하는 것

우울한날,
하얀 천에 장미를 닮은
가장 좋아하는 붉은 색실로
폭신한 카스테라와 고소한 흰우유
동글동글 앞코가 귀여운 운동화

보면 기분이 좋아지는
나의 애정물건을 수놓아봅니다.
그러면 어느샌가 기분이 좋아진답니다.

나의 작은 배

혼자서 무언가를 하거나
한 번도 가본 적이 없는 먼 곳으로 가보고만 싶은
여름은 수많은 첫 경험을 하고
모험을 하며 어른이 되는 계절
불안하거나 걱정이 돼도 괜찮아요.
넓은 바다도, 엄마처럼
언제나 두 팔을 벌려
다정하게 기다려줄테니까요.

DESSERT DES NULLES
◆ LES MADOELEINES ◆
LES BROCHETTES D'ABRICOTS   LES CONGOLAIS

기분은 바닷가!

여름을 맞아
시원한 바다 느낌으로 수놓아 봅니다.
뿌~ 웅장한소리를 내는
화물선 배도 그려보고
귀여운 꼬마 선원도 그리고
바닷소리를 품은 조개들도
가지런히 줄지어 놓습니다.
하나하나 그려갈 때마다,
바다에 가까워져 가는 기분입니다.

태양의 무늬

여름의 태양을 닮은 해바라기의 노랑
접시꽃의 빨강, 잎의 진녹색
한여름의 태양에
모두들 각각의 무늬가
더욱 진해지는 여름입니다.

여름 아이들

바다를 보며 그림 그리기
더운 열을 식혀줄 아이스크림 먹기
시원한 바람을 맞으며 자전거 타기
저녁엔 반짝반짝 불꽃놀이
그중 제일은 풍덩~
소리마저 시원한 바다 수영

유우의 방

좋아하는 것들로 가득한 방
하얀 침대도 꽃무늬 벽지도
레이스 커튼도, 사이드 테이블의 램프도
조금은 언니가 된
상징 같아서 기뻐요…
어릴 적부터 친구였던 인형들과
곰돌이와는 아직 손을 놓지 못하고 있지만
이 방에서 지내는 시간이 점점 길어지고 있어요.

패딩턴 역

런던에서 서쪽으로 향하는 현관, 패딩턴 역
전철 옆까지 택시가 다니고, 상점과 카페가 늘어서 있는 역 안에는
헤어짐을 아쉬워하는 연인들, 선물을 조르는 아이들
티켓을 한 손에 쥐고 허둥지둥 올라타는 사람, 커다란 짐을 옮기는 사람 등
소란스러움이 끊긴 적이 없어요.
여름의 끝, 사람들은 각자의 자리로 돌아가네요.

Glorious
Autumn 가을

가을의 선물

가지각색의 낙엽들

가을 풀의 짙은 향기

손바닥이 전해주는 따뜻함

따뜻한 카페오레의 온기…

어느 날 갑자기 아침저녁 바람이 차갑게 느껴질 때

가을은 이미 마음속으로 들어와 있어요.

추억 한잔

낙엽이 물들고 떨어지기 시작하는 계절
바람이 조금씩 쌀쌀하게 느껴질때
문득 생각에 잠길 때면,
손바닥에 온기를 전해주는
따뜻한 커피 한잔 마시며
지난 추억을 생각해보기 좋은 계절.

내 것도 고쳐줘

소중한 장난감과 인형들과는 늘 함께 있고 싶어요.

이것들이 고장 나도 잘 고쳐주는

상냥한 오빠가 있으면, 얼마나 좋을까요?

건강해진 인형들은 내가 데리러 오길 어른스럽게 기다리고 있을 거예요.

선반 위에는 같이 놀아주기를 기다리는 장난감들이 아직도 가득

작은 아이도 큰 아이도 마음껏 놀 수 있는

이런 곳이 있으면 좋겠어요.

큰 나무 아래서

자, 따뜻한 옷을 입고 밖으로!
사방에 쌓여 있는
폭신폭신한 낙엽 위에 돗자리를 깔고
즐거운 소풍을 시작해요.
바구니 안에는
좋아하는 사과파이와
시나몬이 들어 있는 소라빵이 듬뿍
단풍으로 물든 나무 아래에서 보내는
행복한 가을의 하루

벤치에 앉아

산책중 자주 앉는 벤치에 앉아보니
왠지 비가 올 듯 말 듯
하늘이 꾸물꾸물 합니다.
발걸음을 서둘러 가야 하지만
날이 더 추워지면 자주 못 올 아쉬움에
발이 떨어지지 않네요.

가을의 거리

영국의 시골 풍경은 그림책에 나오는 것 같은 세계
시대와 양식도 가지각색인 집들이 나란히 있지요.
담쟁이덩굴이 얽혀 있는 돌 벽과 벌꿀색 벽
굴뚝이 달린 삼각 지붕과 격자 창문
다양한 집들이 사람들의 개성을 보여주는
머리모양, 옷차림, 표정 등과 닮아 있네요.

계절의 변화

서늘해진 공기에 둘러싸여
큰 느티나무가 물들기 시작했어요.
이 나무는 마을 사람들의 눈에도
계절의 변화를 알려주지요.
거리를 걷고 있는 사람들의 옷차림을 바라보면서
카페에서 느긋하게 시간을 보내며, 우연히 바라본 가로수
어디에나 있는 친근한 풍경은
매일의 삶 속에 조용히 숨 쉬고 있어요.

Mild
Winter 겨울

인형의 집

그릇장에는 아름다운 무늬의 접시가 늘어서 있고
여러 개의 바구니와 키친 스티커
쿠킹 스토브에서는 케이크를 굽는 달달한 향기…
큰 난로의 온기가 방 안을 가득 채우는
일요일 오후의 티타임은
어른과 아이들 모두 즐거운 시간
다락방에는 비밀스러운 보물이 가득 있을 것 같아요.
내가 어렸을 적에
엄마가 가지고 있었던 인형의 집은
동경의 세계였어요.

새로운 친구

매일 달력을 넘길 때마다
점점 다가오는 크리스마스
올해도 선물을 받을 수 있을까?
조금은 걱정도 되고, 즐겁기도 해요.
설레는 마음은 진정되지 않지만
차분한 마음으로 밤을 맞이해야겠지요.
전 세계의 모든 사람들에게
평화가 찾아오기를…
그런 일을 바라는 크리스마스

잠들기 전에

잠 못 이루는 겨울밤
성난 겨울 바람 소리에 잠 못 들 때
누나의 동화책 읽어주는 목소리가
방 안을 채울 때
비로소 겨울 바람이 누그러지며
서서히 잠이 듭니다.

Joyeux Noël

Imagin all the people
living life in peace...

(by Jhon Lennon)

난로 앞에서

춤추며 떨어지는 눈을 하나하나 들여다보면
색, 모양, 감촉도 가지각색
그러나 감촉은 차가워요.
눈이 내리는 날에는 따뜻한 방 안이 제일
나무가 타며 내는 탁탁거리는 소리는 배경음악
겨울이니까 느낄 수 있는 난로 앞에서 좋은 시간을 보내고 있어요.

올해의 선물은?

언제오시지, 언제오시지
하다 깜박 잠이 들어 버렸습니다.
눈을 떠보니 트리 밑에
예쁜 곰돌이가 놓여있습니다.

눈이 내리고

하늘이 검푸른 어둠으로 바뀌고, 공기가 얼어붙는 순간
나풀나풀 큰 눈송이가 내리기 시작해요.
하룻밤 새에 온 동네를 새하얗게 만드는 하늘에서 준 선물
뾰족한 탑이 있는 교회에도, 큰 집에도, 작은 집에도, 소복소복
집집마다 창문에 켜지는 불빛을 보면
마음이 온화하고 따뜻해져요.

천 그림이 태어나는 곳

효고현県 아이오이시市

'유우후샤ゆう風舎'를 방문하다…

'여유로운 생활'을 보내고 싶다.

물질과 정보가 넘쳐 생기는 여유로움이 아니라

손을 움직이고, 상상력을 발휘하면서 느낄 수 있는 마음의 여유로움

한가로이 보낼 수 있는 곳에서 계절이 바뀌고

자신의 눈과 손을 통해 그 감동이 천 그림으로 다시 태어난다.

그러기 위해 자연의 풍요가 가득한 이곳에

'유우후샤'가 탄생했습니다.

어서오세요 ~ 유우후샤에

나이나 생활방식은 달라도
누구나 추억을 떠올리며 편안한 기분에 잠길 수 있다면…
그런 생각을 품고 문을 연 지 14년
변하지 않는 꿈과 이상을 키워나가고 있습니다.

'좁은 공간에 있더라도, 나만의 발상이나 배움으로 가득 채워진 마음 풍족한 생활을 하고 싶다.' 부부 모두 미술교사라는 안정된 직업을 뒤로하고, 남편의 고향에서 새로운 한 걸음을 내딛겠다고 결심했을 때, 다카하라 씨는 이런 꿈에 다가가고 있었습니다. 그리고 좋아하는 것을 살려서 회화와 수예 교실, 그림책 도서관, 카페와 잡화점이 하나로 된 '유우후샤'의 문을 열었습니다. 마음을 갈고닦기 위해서는 어렸을 때부터 좋은 환경과 풍부한 소재를 접하는 것이 얼마나 중요한지, 교사를 하면서 배운 소소한, 그러나 확고한 이 생각은 지금 이 산골 마을에서 더욱 깊게 뿌리내리고 있습니다.

오픈 당시부터 특별한 광고는 하지 않았지만, 수예나 그림책을 좋아하는 사람들의 입소문으로 조금씩 정말로 조금씩 알려진 '유우후샤'. 다카하라 씨가 계속 변함없이 중요하게 여겨온 것은 그리움과 사랑스러움입니다. '옛날, 내 어릴 적을 추억하며 적극적이고 따뜻한 마음이 되는 장소.' 그리움이라는 이 특별한 감정은 어른이 되어도 사람의 상상력을 자극하기 때문입니다. 다소 고르지 못하고 삐걱거리더라도 깊은 정취가 깃든 벽돌이나 낡은 문으로 꾸미고, 계절별로 꽃들을 심고, 방문하는 사람들을 맞이합니다. 이것이 다카하라 씨가 바라는 '유우후샤(ゆう風솜), 즉 다정한 바람'입니다.

어떤 가게일까? 방문하는 사람의 상상력을 자극하는 창가의 디스플레이도 중요하다.

십수 년간 몇 번이나 손봐 온 정원에는 들새가 날개를 쉬러 찾아오기도 한다.

차 이외의 교통수단이 변변찮은 거리. 주차장의 주차 블록으로 쓰이는 침목에 사랑스러운 토끼의 마중.

하나하나 정성스럽게 깔아 놓은 벽돌 통로, 이끼가 끼어가는 즐거움.

갤러리 출입문에 달려 있는 고풍스러운 문고리를 돌린다. 두근두근한 순간!

정원 여기저기 놓아 둔 물건들은 햇살과 비바람을 맞으며 기분 좋은 느낌으로 변해간다.

아이디어의 원천 ~ 그림책

즐거움이나 기쁨 그리고 사물의 본질
내게 많은 것을 알려준 것은 다수의 그림책
무의식중에 쌓인 수많은 이야기들은
작품 탄생에 빠트릴 수 없습니다.

'유우후샤'를 오픈하기 훨씬 전부터 부부끼리 조금씩 모아 온 그림책은 현재 1200권 이상입니다. 건물 한 면의 공간은 차를 마시면서 자유롭게 그림책을 볼 수 있는 도서관으로 개방했습니다.

그림책이 너무 좋아서, 똑같은 책만 반복해서 보던 어린 시절. 이야기만이 아닌 등장인물이나 동물의 표정, 배경이 된 마을이나 풍경 스케치 등 수많은 미지의 세계를 그림책에서 만날 수 있었습니다. 동경은 상상을 불러일으켜 작품에도 반영되고 있습니다.

공방에서 아플리케를 배우기 시작한 학생들도 작품 구상을 위해 그림책을 보게 되었습니다. '그림책은 아이들뿐만 아니라 어른들도 읽었으면 하는 책'이기도 합니다.

좋아하는 그림책 & 작가

위의 3권은 많은 그림책 중에서도 특히 좋아하는 책들이다. 스토리나 설정의 즐거움은 물론 아이들의 표정이나 몸짓이 생생하게 그려져 있다. 아래의 2권은 정말 좋아하는 작가, 브라이언 와일드스미스(Brian Wildsmith)의 동물을 그린 명작들.

영국 고서(古書)

3년 전쯤에 방문한 웨일스(Wales) 지방의 마을, 헤이 온 와이(Hay-on-Wye). 마을 안에 헌책방들이 나란히 모여 있다. 시간 가는 줄도 모르고 수많은 그림책을 찾는 데 몰두했던 좋은 추억.

책장의 한 구석은 발행한 국가별로 그림 책을 분류해 두었다.

가끔씩 테마를 정해 거기에 맞는 그림책을 골라 중앙에 전시한다.

천장이 높고 느긋이 머무는 조용한 공간. 갤러리 공간으로도 활용 중이다.

창작의 힘 ~ 아틀리에

천을 캔버스로, 바늘과 실로 엮는 세계는
없어서는 안 될 자기표현의 하나
머릿속의 이미지가 조금씩 형태가 되고
천 위에 생명을 불어넣는다.

사계절을 통한 일상의 사소한 광경들. 다카하라 씨가 천과 실로 짜서 만든 작품은 보고 있는 사람에게도 그리움이나 사랑스러움이 물밀듯이 전해집니다. "그리고 싶어서 색과 소재감, 지금이라도 움직일 것 같은 생동감을 표현하려고 고심한답니다."

아플리케의 기법은 거의 공그르기이고, 자수도 심플한 스티치뿐이지만 표정의 변화나 풍부함은 독특한 기법으로 표현되어 있습니다.

아무리 작은 자투리 천이라도 아이들의 목도리나 나뭇잎으로 활용하고, 자수실의 탄력 상태에 따라 머리카락의 뉘앙스도 다르게 표현되고 있으며, 입체감을 주기 위한 주름이나 비즈를 이용한 기법도 몇 번이고 연구를 반복한 결과입니다. 창작에 대한 정열과 지금까지의 경험이 양쪽 바퀴가 되어, 이 아틀리에에서 한층 더 힘을 발휘합니다.

매일 일에 쫓기지만 일 년에 한 점은 꼭 전시회를 위한 큰 작품을 만든다. 밑그림을 그릴 종이를 몇 장 붙여서 전체 그림을 구상한 후 스케치를 완성한다. 아플리케나 스케치를 더하면 점점 입체적인 세계가 된다.

재료

크레파스나 색연필은 색의 이미지를 구체화시킬 때 사용한다.

큰 책상에서 작업할 때는 도구나 문구를 정리하기 편한 바구니가 대활약.

체스트(chest)에는 작품 인형과 함께 리본 등의 재료를 둔다.

수납

보통이라면 버려졌을 자투리 천도 다른 무언가로 활용된다고 생각하면 귀중한 재료.

색이나 무늬 등 자신만이 알 수 있게 분류한 자투리 천은 빈 상자에 보관한다.

제작 중인 작품별로 본뜬 종이나 천 조각들은 두께가 얇은 빈 상자에 정리한다.

힘이 되는 시간 ~ 키친

케이크를 만들기 위해 필요한 10개의 달걀을 거품 내는 아침,
매일 손을 움직이며 이 26분 동안의 시간을
얼마나 효율적으로 쓸 수 있을까 궁리합니다.
삶을 소중히 하기 위해서 하는 이런 수고는 아깝지 않습니다.

아침 6시 30분 카페의 과자 만들기, 정오의 점심, 오후 3시 차 마시는 시간, 오후 6시 저녁. 출퇴근이 없는 다카하라 씨에게는 매일 규칙적으로 키친에 서는 한때가 머리를 식힐 수 있는 시간. 바쁘다고 대충하는 일은 절대 없습니다. 삶을 지지해주는 시간에 우선순위는 없으니까요.

하얀 타일 상판의 주방에는 법랑제의 오래된 도구, 쉴 시간도 없는 로제르(Rosières)의 오븐, 탄 자국이 선명한 주방장갑 등 쓰면 쓸수록 맛이 깊어지는 것들이 가득합니다. 검게 그을린 주전자에 물을 끓이고, 앤티크한 저울에 설탕의 중량을 잽니다. 그리움과 사랑스러움은 이곳에서도 엿볼 수 있습니다.

10년 이상 애용하고 있는 구리 주전자. 검게 그을린 데다가 나무로 만든 손잡이에는 탄 자국도 남았다.

냄비 뚜껑으로 볼을 기울이고 핸드믹서기로 고정시키면, 손을 쓰지 않고도 거품 내기 완성.

천장에 매달은 램프셰이드(lampshade)는 레이스 천으로 수작업한 것. 동물 아플리케가 귀엽다.

격자무늬 체크 커튼과 자투리 천으로 만든 태슬(tassel). 가끔씩 무늬 바꾸기.

거실 고간도 겸하는 주방 한 구석. 의자와 벽에 건 여러 개의 액자.

햇살이 비치는 창가. 컬렉션인 유리병 옆에는 매일 사용하는 계량 컵 두기.

함께하는 장소 ~ 숍 & 카페

더 많은 사람들과 여유로운 시간을 공유하기 위해
새로운 만남의 장소를 오픈하였습니다.
2006년 가을, '유우후샤' 제2장의 시작입니다.

　비좁은 가게 공간을 확장하기 위해 옆에 붙어 있는 공간에 새롭게 오픈한 '그림책'이라는 뜻을
가진 카페 '리브루디마쥬(Livre d'images). 내부와 외벽은 거의 남편인 미치토 씨가 페인트
를 칠하고, 오랜 시간 동안 모은 앤티크한 소품을 곳곳에 장식하였습니다. 다카하라 씨의 바람
은 '지금까지의 튜더식 건물과는 다른 밝은 느낌으로' 뿐이었습니다. 두 사람의 이미지를 구체화
시킨 이 새로운 가게는 언제나 뒤에서 지지해주는 남편의 작품이기도 합니다. 수작업을 통해서
만들어가는 여유로운 생활은 긴 세월을 거쳐 가지와 잎을 한층 더 넓히고 큰 열매를 맺기 시작
한 것 같습니다.

벽에 끼워 넣은 앤티크한 스테인드글라스.

곳곳에 손님의 가방을 걸 수 있는 고리.

외벽은 10년 전에 구입한 영국의 앤티크한 벽돌, 엄선한 창문이나 바닥재 등등.

소박한 듯하지만 조명과 선반에 이르는 세부까지 고집이 엿보이는 파우더룸.

홈페이지에서도 판매 중인 패키지.

홈페이지 운영이나 매장 판매 등 각 파트를 맡길 수 있는 믿음직한 직원들. 숍과 카페 사이의 공간이 직원들의 대화 장소.

파리의 카페처럼 작은 테이블을 배치한 내부. 언제나 케이크는 두 종류 세트로.

how to make ▶▶▶▶▶
▶▶▶▶▶ detail check

아플리케하는 방법

활기차게 걷고 있는 아이들의 움직임
옷태와 헤어스타일 배경이 되는 장면과 자연의 아름다움
마치 연필로 그린 것처럼 섬세하게 표현된 다카하라 씨의
아플리케와 스케치 바늘로 시접을 넣어 가며 하는
아플리케의 요령을 배워봅시다.

준비물

도안을 옮길 종이
두꺼운 종이
수예용 복사지
볼펜
연필
가위
바탕원단
퀼팅솜
아플리케용 원단
25번 자수실
자수용 리본
시침실
퀼팅실
바늘

1

바탕원단의 겉면에 수예용 복사지, 도안 순으로 올려놓고 볼펜으로 도안의 테두리만 덧그린다(겹치는 부분은 그리지 않는다). 바탕원단에 퀼팅솜을 깔고 시침질한다.

2

도안을 두꺼운 종이에 그린 후 각 부분을 자른다. 겹치는 부분은 각각 따로 만든다. 원피스는 주름 잡을 부분을 고려해 스커트 부분을 약간 크게 해서 종이본을 만든다.

3

머리카락은 자른 채로 꿰매므로 시접을 주지 않고 재단한다.

4

각 조각의 원단 겉면에 종이본을 올려놓고 뾰족하게 깎은 연필
(HB)로 그려준다.

5

종이본의 가장자리를 따라 시접을 5mm 주고, 각 부분에 맞는 원
단을 재단한다. 작은 곡선 부분의 시접은 3mm.

6

시접의 모서리나 곡선 부분은 실물선까지 가위밥을 넣는다. 가위
밥은 곡선이 가파른 곳은 많이 넣고, 완만한 곳은 적게 넣는다.

7

먼저 얼굴, 왼손, 양쪽 다리, 샌들의 아랫부분을 바느질해서 붙인다. 밑그림 위에 원단을 올려놓고 선이 감춰지도록 시접을 바늘 끝으로 접어 넣으면서 공그르기한다. 겹치는 곳은 밑이 될 부분을 먼저 꿰매고, 윗부분과 겹치는 부분의 시접은 바느질하지 않고 시접을 편 채 둔다.

8

다음은 원피스를 꿰맨다. 주름을 잡고 시침핀으로 고정시킨 후 주위를 바탕천의 그림에 맞추어 가며 공그르기한다. 그 위에 오른팔도 꿰매 붙인다. 시접을 접어 넣을 때는 왼손으로 천의 끝을 누르면서 오른손으로 잡은 바늘로 시접을 접어 넣는다.

9

머리카락의 원단은 시접 없이 재단했으므로 원단 가장자리가 풀리지 않도록 선의 안쪽을 바느질한다.

10

모자를 아플리케하고 나서 자수용 리본을 꿰매 고정시킨다.

11

샌들 벨트 부분을 아플리케하고 발등 벨트 부분은 자수실 3겹으로 아우트라인 스티치를 한다.

12

원피스에 자수실 4겹으로 리본을 만들어 단다.

13

잔머리카락은 자수실 한 가닥으로 아우트라인 스티치나 스트레이트 스티치로 군데군데 집어서 곡선이 자연스럽게 나오도록 해준다.

14

잔머리카락은 자수실 한 가닥으로 아우트라인 스티치나 스트레이트 스티치로 군데군데 집어서 곡선이 자연스럽게 나오도록 해준다.

같은 도안의 변형

같은 도안이라도 조각에 사용할 원단의 색과 무늬, 아플리케와 스티치 분량의 밸런스 등에 의해
완성 후의 이미지가 많이 달라집니다. 또 손에 들고 있는 소품에 변화를 주거나 옷 일부분의 디
자인을 바꾸는 것만으로도 여러 가지 완성작을 즐길 수 있습니다.

기본패턴

원피스를 수영복으로 바꾼 여름 버전. 스티치로 마무리한 팔다리는 근육의 미묘한 라인을 강조하였다.

모자와 코트 등을 추가하면 아플리케의 매력이 배가 된다. 흰색의 도트무늬로 눈을 표현한 바탕원단 선택도 중요!

원피스에 소매를 달아 볼륨감을 더하고, 기장을 길게 하면 분위기가 새로워진다. 들고 있는 소품도 아이디어 나름!

모자와 원피스 외에는 모두 스티치로 표현하여 심플한 느낌. 원단에 따라 모자를 강조해도 된다.

체크 원피스와 자수실의 배색으로 여름을 상쾌하게 표현한다. 머리카락은 시접 없이 자른 아플리케 원단 위에 스티치로 느낌을 살린다.

옷은 강한 색의 원단을 선택하고, 주름을 주어 볼륨을 더한다. 책가방을 강조하기 위해 머리카락은 스티치만으로 처리.

아이의 조르는 동작이 사랑스럽다. 옷이나 소품에 사용할 소재를 잘 선택해서 겨울 이미지를 연출한다. 옷을 꺼입은 것 같은 두툼한 느낌이 포인트.

옷차림이 가벼워지고 손발이 노출되니 같은 도안이라도 시원하게 보인다. 얼굴의 표정을 넣을지 말지에 따라서도 분위기가 크게 좌우된다.

머리카락 표현 방법

머리카락이라고 검은색이나 갈색 계통의 무지만 사용하면 입체감 없이 밋밋해집니다. 머리카락의 가늘고 빛나는 느낌은 가는 체크나 작은 무늬의 천을 이용하면 잘 표현할 수 있습니다. 가발처럼 무거워 보이지 않도록 시접 없이 재단해서 아플리케하는 것이 기본입니다.

작은 체크무늬

머리카락의 질감을 표현하기에 좋은 것은 작은 체크무늬. 깊이가 있는 색을 사용하면 한결 더 느낌이 나온다.
작은 프린트무늬나 가는 줄무늬도 추천.

작은 프린트무늬

가는 줄무늬

작품 전체에 가벼운 느낌을 주고 싶을 때는, 아플리케하지 않고 스티치만으로 머리카락의 자연스러운 움직임을 표현한다. 스티치를 넣는 분량에 따라서 이미지가 달라진다.

모자와 함께

계절감이나 패션 스타일을 표현할 때 빠질 수 없는 모자. 이때 머리카락은 빈틈없이 라인을 그리는 것이 아니라 실을 이용해 흐트러진 머리카락처럼 표현하면 모자와 잘 어울린다.

옷의 디자인과 표현 방법

다카하라 씨가 특히 주의하는 것은 계절감이 있는 아이의 옷. 타탄 체크 주름스커트와 트위드 코트,
작은 꽃무늬 원피스, 배색 니트 등 전통적인 디자인으로 아이다움을 강조하고 있습니다.

스커트

도안보다 조금 크게 원단을 재단하고, 잔주름을 넣거나 깊은 주름을 만들어 아플리케하면 스커트의 입체감을 살
릴 수 있다.

프린트무늬 스커트

작품 안의 인물은 작기 때문에 무늬를 살리고 싶을 때는 생각보다 작은 무늬를 선택해야 한다.
'리버티 프린트' 원단은 섬세한 작은 꽃무늬 종류가 풍부해 요긴하게 쓰인다.

십자수 프린트 천에 스티치를 더한다(위).
줄무늬 옷은 자수로 표현한다(오른쪽 위).
니트를 이용하는 방법은 여러 가지가 있는데
양말. 스웨터 등에도 활용한다(옆).

모자와 목도리

니트 모자는 양말을 잘라서 가장자리를 말아 올렸
다. 목도리는 자수실로 나무 꼬치를 이용해 떴다.

소재를 살리는 방법

프린트무늬를 잘 살리는 것은 물론, 입체감이나 소재감을 강조하고 싶다면 원단 자체에 표정이 있는 울이나 마麻 등을 사용하는 것도 좋은 방법입니다. 또 원단 이외의 부자재를 이용하면 작품에 한층 더 재미를 줄 수 있습니다.

레이스 · 오건디

레이스나 커트워크는 조금만 곁들여도 효과적이다. 램프셰이드 등 투명한 유리 재질에는 오건디를 사용한다.

마

마의 성긴 올은 바구니나 밀짚모자 느낌에 딱이다. 자연스러움과 색감을 살려서 마루나 길 같은 조금 큰 부분에 사용하기도 한다.

그림책, 스케치북, 간판, 포스터, 표지판 등 조각 크기에 맞는 프린트무늬를 찾는 것은 즐거운 작업.
특히 글자가 들어간 프린트는 효과가 좋다.

코르덴 · 울 · 펠트

비즈

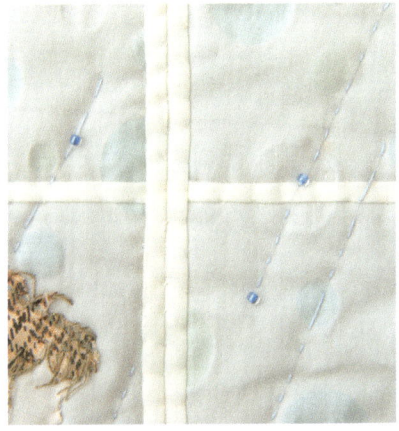

비즈를 스티치와 함께 빗방울처럼 표현하거나 방울이나 완두콩처럼 보이게 하기도 하고, 콩알 모양을 살리기 위해 몇 개 주르륵 연결해 사용하는 것도 재미있다.

목마의 갈기와 꼬리털의 결은 가는 코르덴, 난로를 피우기 위해 사용하는 풀무의 따뜻한 이미지는 펠트 등 울이나 기모 소재에는 특유의 촉감과 온기가 있기 때문에 잘 사용해야 한다. 특히 개와 같은 동물은 울을 잘라 그대로 사용하면 털의 느낌을 전달하기 쉽고, 동물 인형과의 차이도 표현할 수 있다.

원형 단추는 사이즈를 잘 골라서 바퀴에 사용한다. 디자인이 다양한 장식용 단추는 장난스러운 분위기를 만든다.

원단과 잘 어울리는 자수용 리본은 자주 사용하는 부자재 중 하나. 위에 걸쳐서 입체적으로 보이게 하거나 묶어서 사용하면 작품에 움직임을 주는 역할도 한다.

둥근 끈

둥근 막대기 부분을 표현하기에 제일 좋은 둥근 끈. 색과 굵기가 다양하고, 자수실이나 리본보다 입체감을 더 줄 수 있기 때문에 편리하다.

그 외

손에 들린 대바늘은 이쑤시개 한쪽 끝에 작은 나무구슬을 본드로 붙여서 표현한다.

여러 가지 표현의 연구

자연의 모습이나 마을 풍경 등은 배경이지만 작품 전체의 분위기를 좌우하는 중요한 요소. 회화적인 표현을 하려고 무지 원단만 쓰면 평면적인 느낌이 되므로 무늬가 있는 천을 효과적으로 활용하는 것이 포인트입니다.

수목

섬세한 느낌으로 마무리하기 위해 자수실이나 리본으로 체인 스티치나 스트레이트 스티치를 입힌다. 각양각색의 자투리 원단으로 아플리케하거나 한 장 한 장 이파리를 따로 만든다. 나무 전체나 가지와 가지 사이를 프린트지로 아플리케해도 멋지게 마무리할 수 있다.

꽃·잎

각 꽃잎의 특징에 맞는 스티치를 선택한다. 꽃의 볼륨감은
아플리케나 리본으로 표현한다. 꽃이 피어 있는 방향으로
작품에 리듬감을 주는 것이 포인트. 이파리는 표정이 부족
해지기 쉬우므로 체크원단을 사용하거나 스티치로 잎맥을
더하는 방법을 더 연구한다.

지붕 · 외벽

영국 시골마을에서 볼 수 있는 귀여운 집들의 이미지. 단조롭게 보이지 않기 위해 집 모양이나 아플리케에 쓸 프린트 원단도 재미있는 것으로 선택한다.

눈

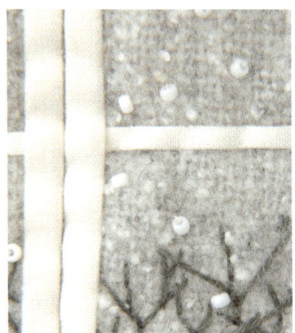

눈의 반짝임이나 원근감은 스팽글, 펄 비즈, 구슬 비즈 등을 크고 작은 것으로 섞어 사용하기도 하고, 스티치로 표현하기도 한다.

motif design
▶▶▶▶▶▶

가든 웨딩
p.24

가든 웨딩
p.24

여름 아이들
p.38

여름 아이들
p.38

여름 아이들
p.38

가을의 거리
p.60

가을의 거리
p.61

여름 아이들
p. 38

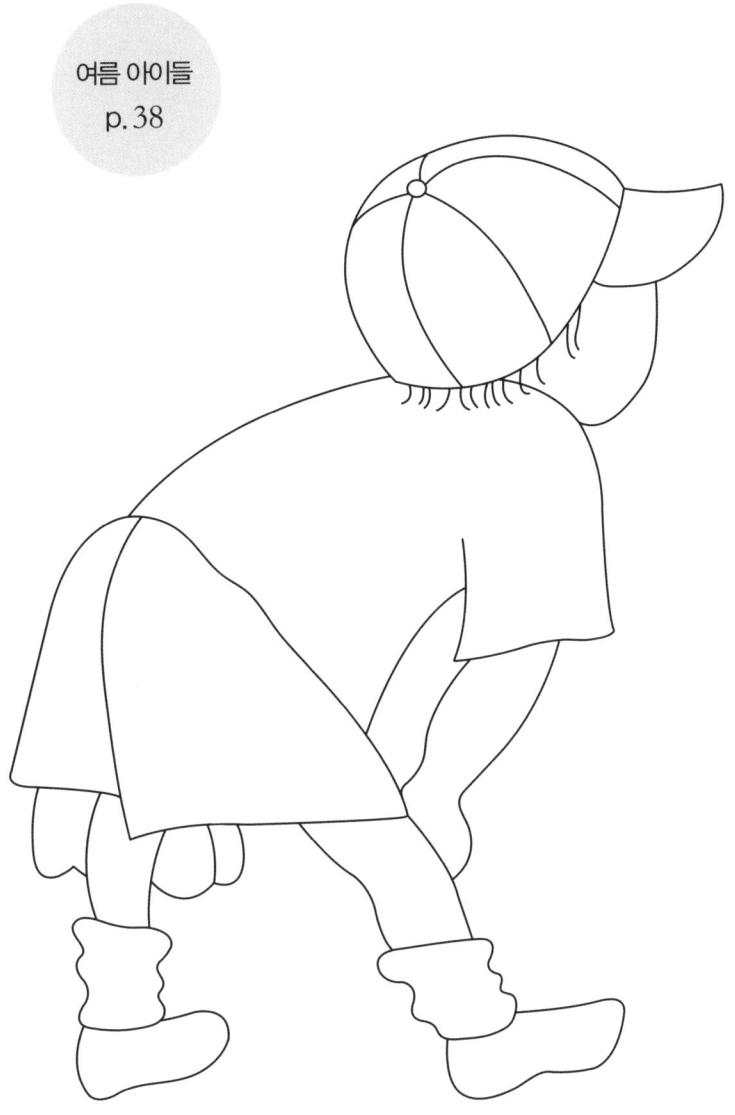

여름 아이들
p.38

여름 아이들
p.38

기분은 바닷개!
p.35

뒹굴기
p.64

내 것도 고쳐줘
p.55

다녀오겠습니다
p.64

장난감 찾기
p.6

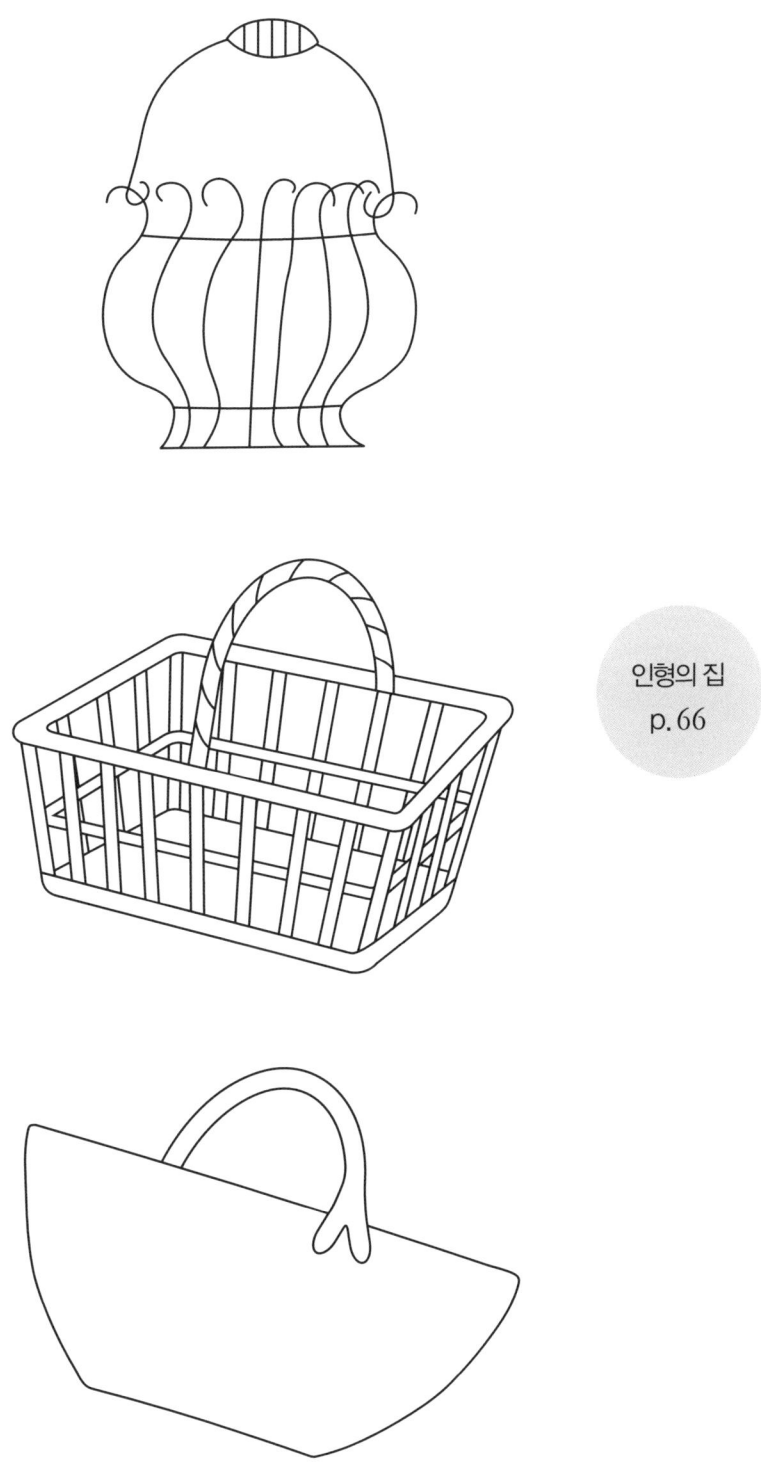

인형의 집
p.66

핫케이크
p.64

올해의 선물은?
p. 75

유우의 방
p. 41

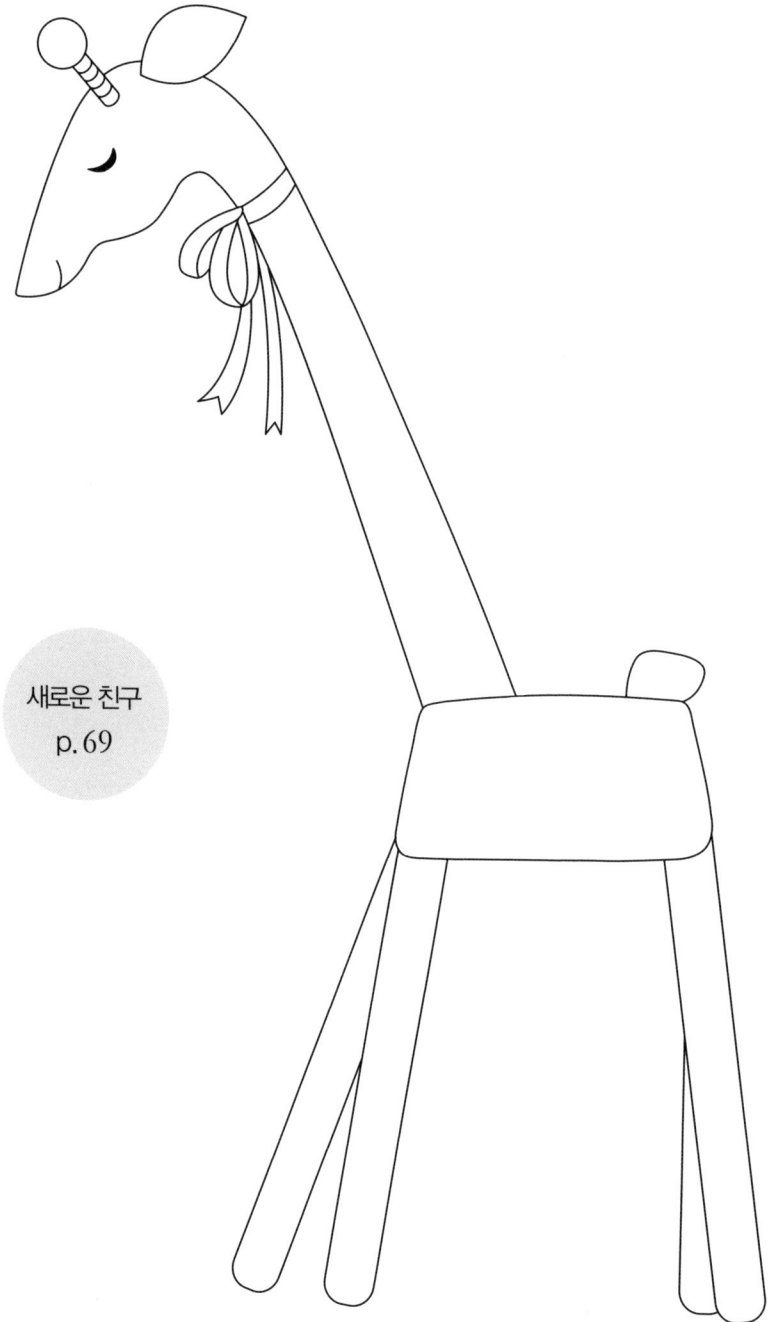

새로운 친구
p.69

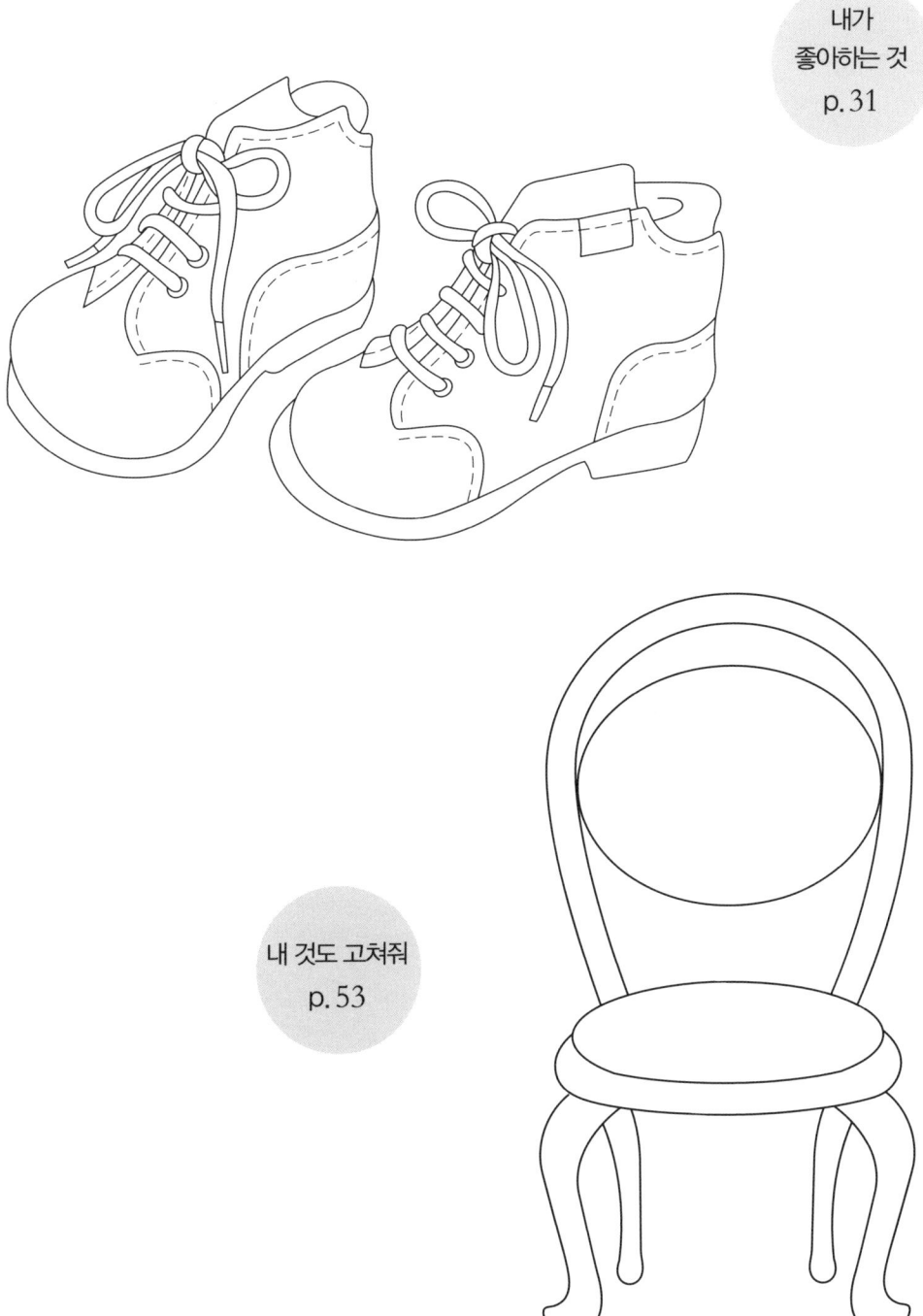

내가
좋아하는 것
p.31

내 것도 고쳐줘
p.53

추억 한잔
p. 51

내 것도 고쳐줘
p. 53

내 것도 고쳐줘
p.53

유우의방
p.41

인형의 집
p.66

인형의 집
p.66

가을의 거리
p.60

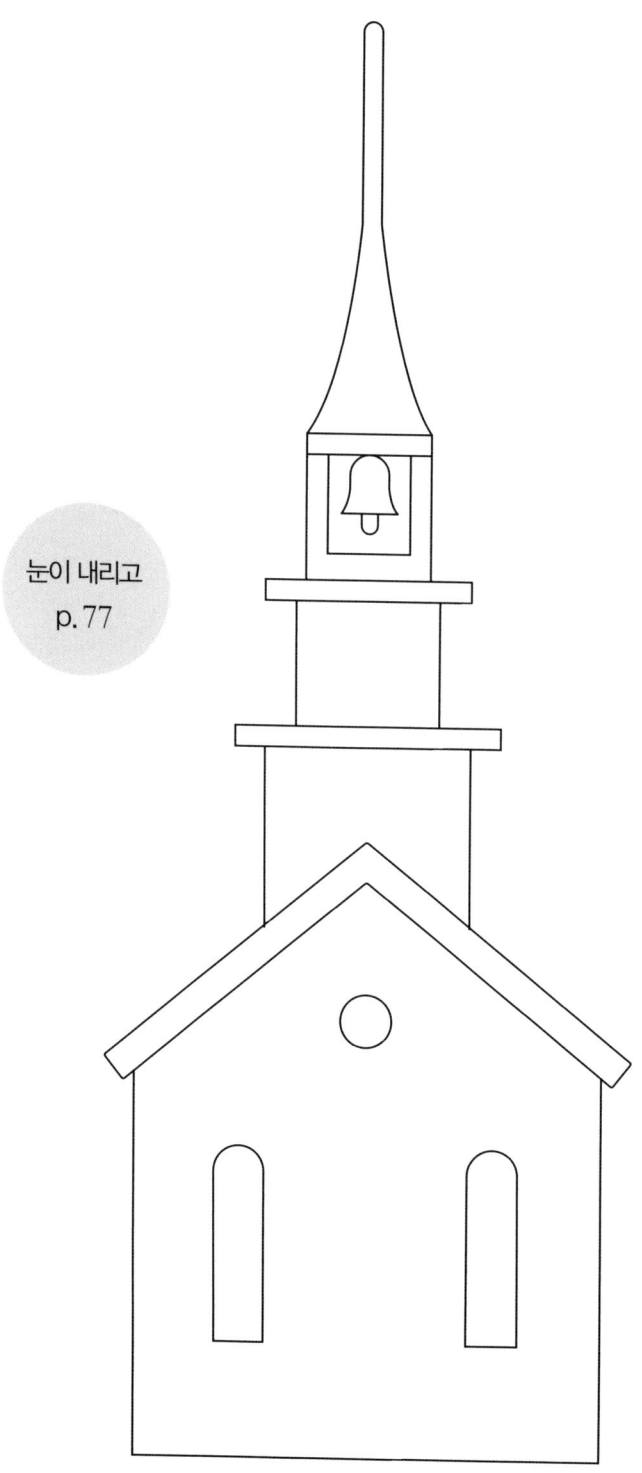

눈이 내리고
p. 77

눈이 내리고
p.76

가을의 거리
p.60

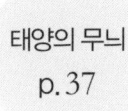

태양의 무늬
p.37

태양의 무늬
p.37

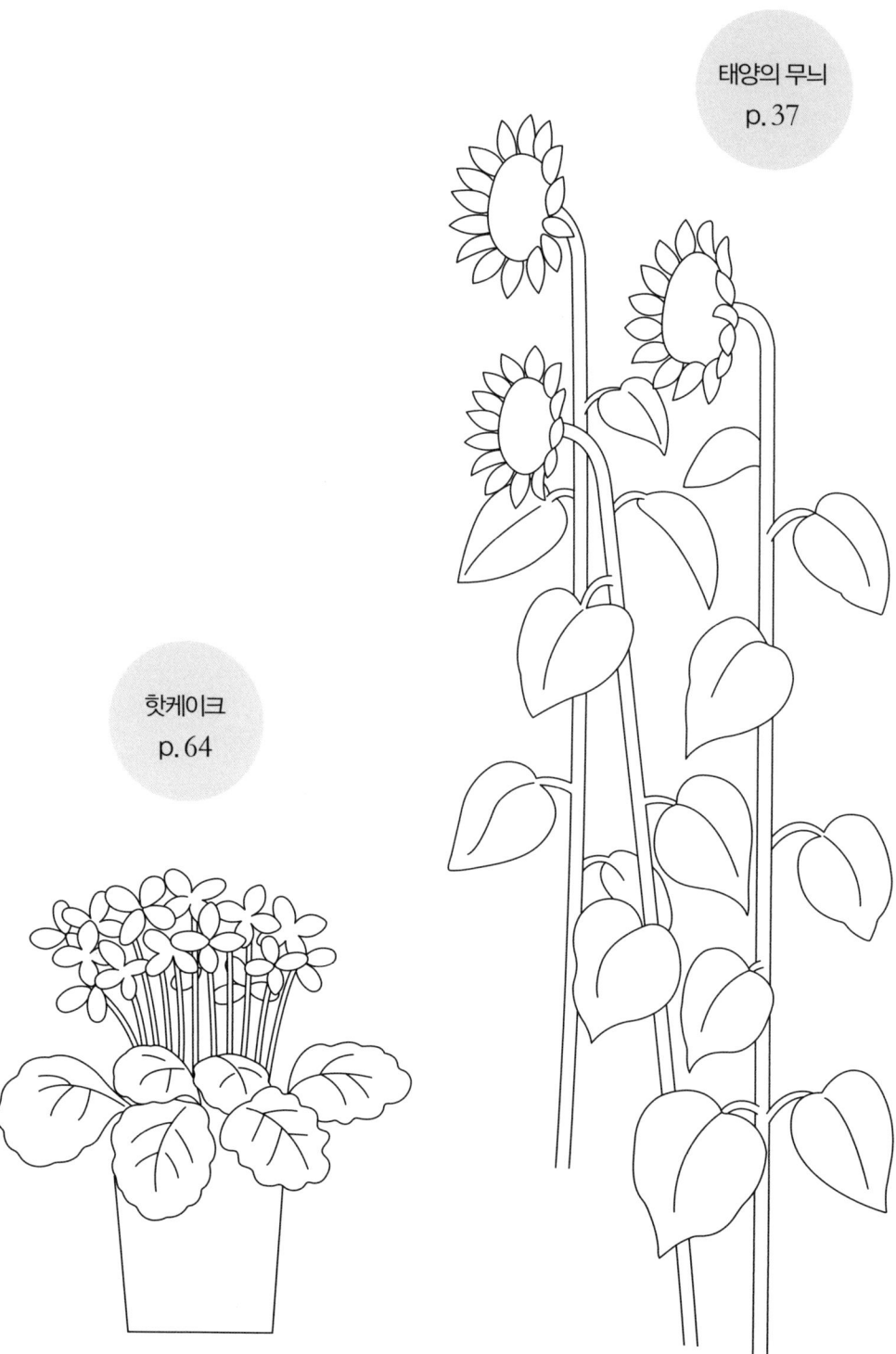

태양의 무늬
p.37

핫케이크
p.64

비내리는 날엔
p.27

설레는 새학기
p.15

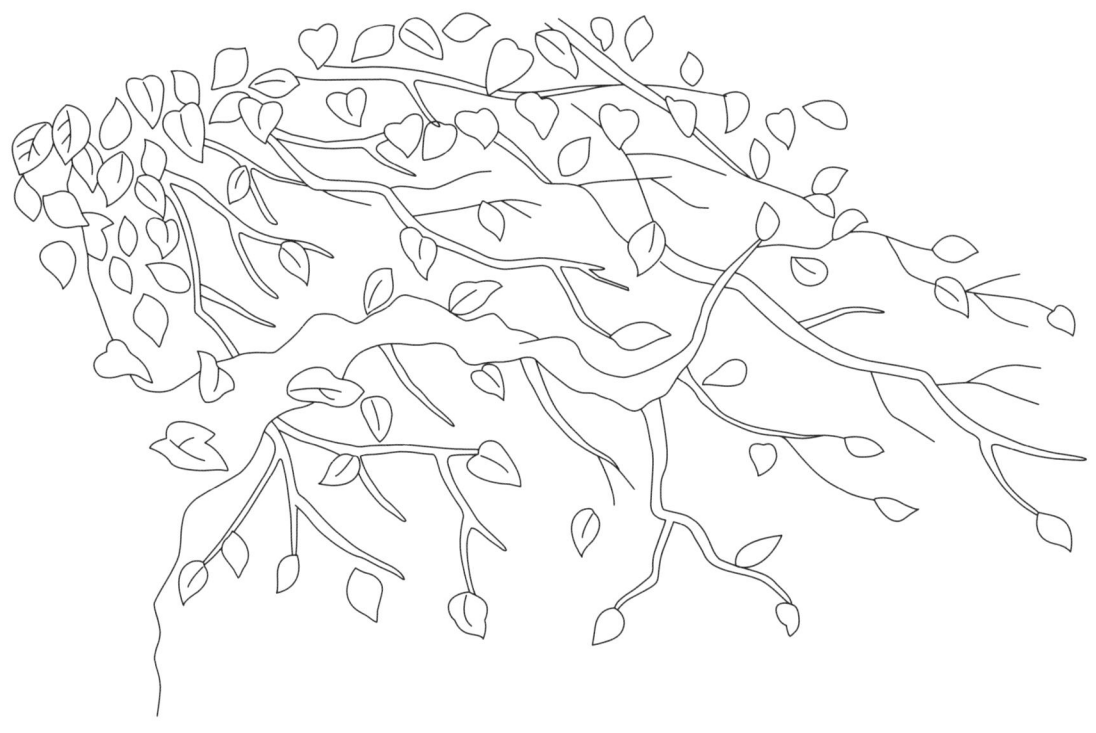

큰 나무 아래서
p.57

가을의 거리
p.60

올해의 선물은?
p.75

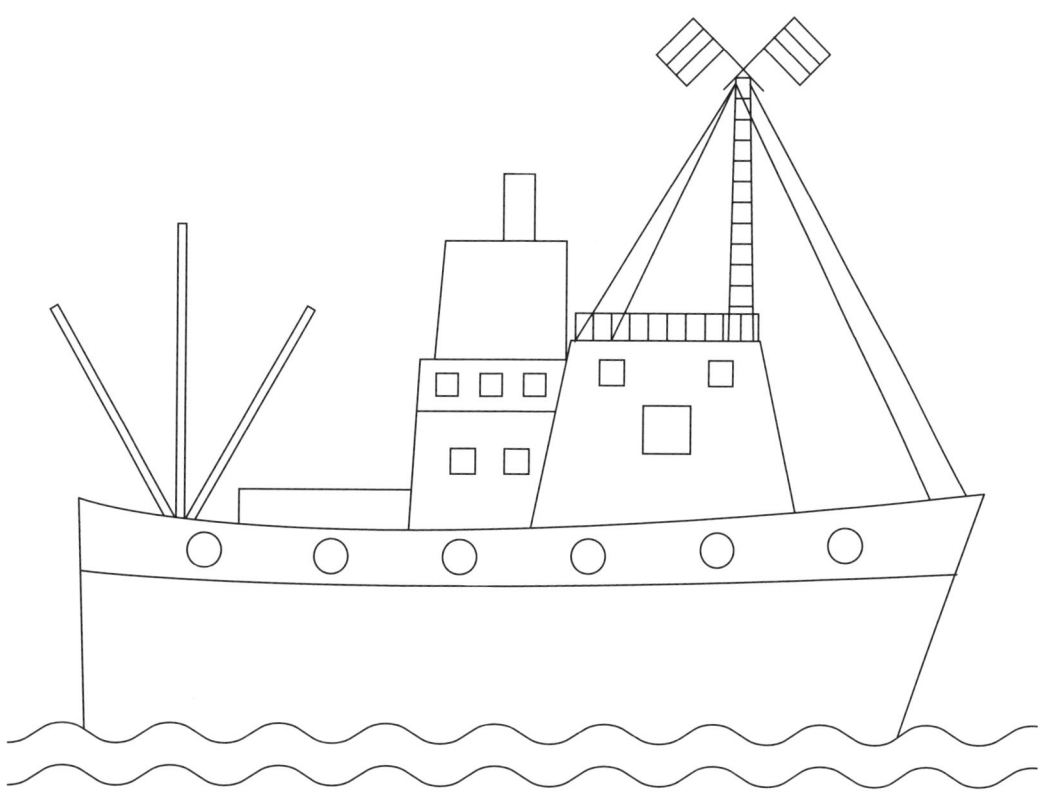

기분은 바닷가
p.35

내 것도 고쳐줘
p. 55

나의 작은 배
p. 33

패딩턴 역
p.42

큰 나무 아래서
p.57

가을의 거리
p.60

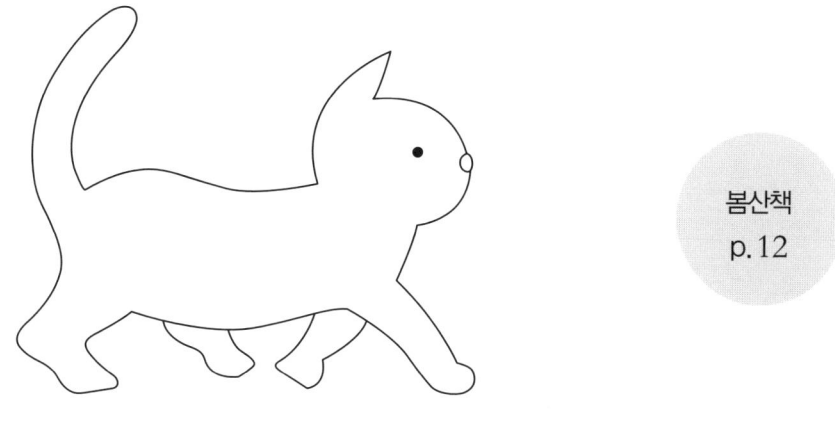

봄산책
p. 12

기분은 바닷가
p. 35

옮긴이 **이은옥**

한국손뜨개협회 강사.
한서대학교 실내디자인학과를 졸업한 후 일본으로 유학을 떠나 일본어를 공부했다.
귀국 후 무역회사에서 일본어 통역과 번역을 담당했었다.
현재 손뜨개협회 소속 강사로 활동 중이며, 특강을 진행하기도 한다.
2014년 Hand-Knitting 대전에서 특별상을 수상했다.
번역한 책으로는 『손뜨개가 정말 쉬워지는 코바늘 기초 테크닉』이 있다.

STORY QUILT KISETSUTO TOMONI
© YUKARI TAKAHARA 2007
Originally published in Japan in 2007 by SHUFU TO SEIKATSU SHA CO.,LTD., TOKYO,
Korean translation rights arranged with SHUFU TO SEIKATSU SHA CO.,LTD., TOKYO,
through TOHAN CORPORATION, TOKYO, and BC Agency, SEOUL.

이젠, 스토리 퀼트

2018년 4월 18일 개정판 1쇄 인쇄
2018년 4월 25일 개정판 1쇄 발행

지은이 | 다카하라 유카리
옮긴이 | 이은옥
감 수 | 윤혜경
펴낸이 | 이준원
펴낸곳 | (주)황금부엉이

주소 | 서울시 마포구 양화로 127 (서교동) 첨단빌딩 5층
전화 | 02-338-9151
팩스 | 02-338-9155
인터넷 홈페이지 | www.goldenowl.co.kr
출판등록 | 2002년 10월 30일 제 10-2494호

전략마케팅 | 구본철, 차정욱, 나진호, 이동후, 강호묵
제작 | 김유석

ISBN 978-89-6030-503-8 13630

황금부엉이에서 출간하고 싶은 원고가 있으신가요? 생각해보신 책의 제목(가제), 내용에 대한 소개,
간단한 자기소개, 연락처를 book@goldenowl.co.kr 메일로 보내주세요. 집필하신 원고가 있다면
원고의 일부 또는 전체를 함께 보내주시면 더욱 좋습니다. 책의 집필이 아닌 기획안을 제안해 주셔
도 좋습니다. 보내주신 분이 저 자신이라는 마음으로 정성을 다해 검토하겠습니다.